INHALTSVERZEICHNIS

Vorwort

Lotte, Mia, Elif, Max, Leon und Baschar – die sechs Klassenkameraden treffen sich im Stadtpark. Sie stammen aus ganz verschiedenen familiären Verhältnissen, doch sie verstehen sich gut und sind Freunde. Als sich Lottes Hund im Park an einer Scherbe schneidet, entdecken die Kinder eine wilde Müllkippe. Sie möchten der Sache auf den Grund gehen und wie richtige Detektive ermitteln. Kurz darauf erfahren sie, dass die Fische im Teich des Parks gestorben sind … – kann das mit den giftigen Fässern auf der Müllkippe zu tun haben?

Die sechs Kinder gründen die Umweltbande KoalaCrew und ermitteln. Sie sprechen auch in der Schule über das Fischsterben und gemeinsam mit der Musiklehrerin entsteht ein kurzes Musical. Die Klasse fordert die Erwachsenen auf, ihre Umwelt nicht mehr zu verschmutzen und sie für die Kinder zu erhalten.

Die KoalaCrew findet inzwischen Beweise, dass der Unternehmer Blume giftiges Öl im Park entsorgt und für das Fischsterben verantwortlich ist. Die Kinder wenden sich an die Bürgermeisterin. Doch niemand möchte etwas unternehmen. Als jedoch das Musical in der Stadthalle aufgeführt wird und sich die Kinder Gehör verschaffen, werden sie auch von den Erwachsenen unterstützt.

Ein mitreißendes, kindgemäßes Buch über Zivilcourage, Demokratie und Umweltschutz.

Passend dazu greift dieses Literaturprojekt die Themen **Umwelt, Müll** und **Zivilcourage** auf. Dabei werden auch die Lebenssituationen der Kinder beleuchtet – alleinerziehende Mutter mit Geldsorgen, Flüchtlingshintergrund, Streit mit den Eltern, erstes Verliebtsein …
Zusatzaufgaben auf den **lesebegleitenden Arbeitsblättern** ermöglichen eine Differenzierung. Außerdem sind Aufgaben zur **Medienkompetenz** sowie zur **Demokratie-Erziehung** eingebunden. Wichtige Themen, die anhand der Lektüre anschaulich in den Unterricht eingebunden werden können.

Im Buch ist außerdem ein Hörbuch enthalten, so ist es für das Hörbuchlesen als Lautlese-Methode geeignet und zusätzlich für den Einsatz des Anybook Pro Audiostiftes!

Mein **Lese-Begleit-Heft** zu:

Name: ______________________________

Klasse: ______________________________

KAPITEL 1

Ausflug in den Stadtpark

1. In diesem Kapitel lernst du viele Kinder kennen, die in die Klasse 3a gehen.
   Kennst du alle Namen? Trage sie richtig ein.

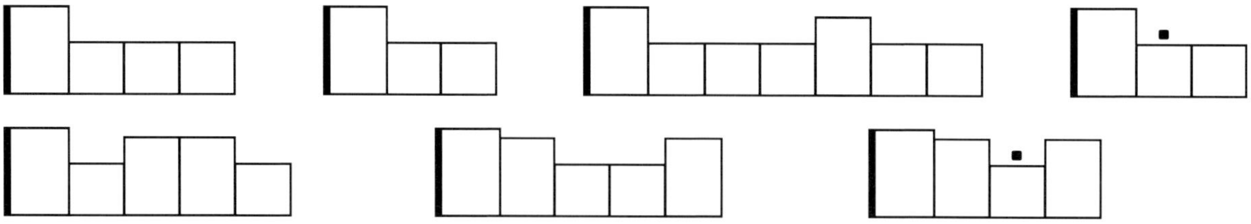

2. Die Mädchen verabreden sich für den Nachmittag. Sie wollen gemeinsam zum Teich gehen.
   - Mit wem verabredest du dich gern nach der Schule? Schreibe auf.

   ____

   - Was macht ihr am liebsten gemeinsam?

   ____

3. Mias Hund heißt Sammy. Habt ihr zu Hause auch ein Haustier? Beschreibe es.
   Wenn du kein Haustier hast, beschreibe dein „Wunschhaustier“.

   ____

   ____

4. Gemeinsam laufen die Kinder zum Stadtpark. So einen Park gibt es aber nicht überall.

   a) Beschreibe deine Wohngegend. Was gefällt dir besonders?

   ____

   b) Was findest du nicht so gut?

   ____

   c) Wohin gehst du, wenn du dich nach der Schule verabredest? Schreibe auf.

   ____

★-Aufgabe: Gibt es in deiner Klasse auch Kinder, die nicht in Deutschland geboren sind? Woher kommen sie?
Schaut gemeinsam auf einer Karte nach, wo das Land liegt.

BVK • Kati Ernst/Sabrina Grün: Literaturprojekt zu „KoalaCrew: Geheimnisvolle Spuren“

Ein jaulender Hund

KAPITEL 2

1. Richtig ☺ oder falsch ☹ ?
   Wenn du alle Fragen richtig beantwortest, erhältst du ein Lösungswort:

   ___ ___ ___ ___ ___ ___ ___ ___ ___

	Richtig ☺	falsch ☹
Lotte hüpft herum und ihre roten Zöpfe fliegen hin und her.	M	S
Leon findet es ätzend, mit den Mädchen zu spielen.	I	T
Eigentlich wollten die Jungs auf der Wiese Fußball spielen.	A	L
Lotte muss als Erste die anderen suchen.	T	D
Gemeinsam hatten sie für ihr Spiel eine Grenze ausgemacht.	T	E
Elif entdeckt hinter einem Busch als Erstes Leon.	P	M
Dann hört sie ein aufgeregtes Bellen von Sammy.	S	A
Mia untersucht die Hundepfote und entdeckt einen Schnitt.	R	O
Mia und die anderen Kinder wollen gemeinsam die Stelle suchen, wo Sammy sich verletzt hat.	K	R

2. Warum möchte Leon gerne mit den Mädchen spielen?
   ✏ Schreibe seine Gedanken aus dem Kapitel auf.

   ____

   ____

3. Hast du auch ein Mädchen in deiner Klasse oder in deiner Nachbarschaft, mit dem du gern spielst? ✏ Schreibe auf!

   Ich spiele gern mit ______________________________________ ,

   weil ____

   ____

★-Aufgabe: Was denkst du, wie fühlt sich Verliebtsein an?
✏ Schreibe auf ein Blatt.

Ein unerwarteter Fund

Mia hat Sammys Pfote versorgt. Alle sind sich einig, dass sie ihr Spiel unterbrechen und herausfinden wollen, wo und woran sich Sammy verletzt hat.

1. Ergänze die Sätze. Du erhältst ein Lösungswort.

a) Leon vermutet, dass Sammy an einen … gekommen ist.		1										
b) Mia meint aber, es war etwas richtig …		2										
c) Lotte entdeckt mit Leon ganz viele …			3									
d) Max kommt mit seinen nackten Beinen an eine …				4								
e) Die Kinder finden einen alten …		5										
f) Es liegen auch noch … herum.			6									
g) Außerdem finden sie Plastiktüten und verrostete …										7		

Lösungswort: ___ ___ ___ ___ ___ ___ ___
1 2 3 4 5 6 7

2. Die Kinder sind sich sicher, dass sie eine wilde Müllkippe gefunden haben.
   Was verstehst du darunter?

   ____

   ____

3. Die Kinder verabreden sich für den nächsten Tag. Was wollen sie versuchen?
   Schreibe auf.

   ____

   ____

★-Aufgabe: Hast du in deinem Wohnort auch schon einmal von einer wilden Müllkippe gehört? Tauscht euch in der Klasse darüber aus.

KAPITEL 4

Tante Sabine kommt zu Besuch

Mia kommt ziemlich spät nach Hause. Ihre Eltern sitzen schon beim Abendbrot.

1. Lies noch einmal den Text auf den Seiten 20–21 von „Als Mia zu Hause ankommt, …“ bis „… keine Lust auf ihre Tante.“ Verbinde die Satzteile richtig.

„Du bist spät, Mia!“ ○	○ total stürmisch und küsst sie ab.
„Du weißt doch, dass heute … ○	○ gar nicht.
Tante Sabine erzählt oft so komische Geschichten ○	○ Tante Sabine kommt.
Sie umarmt Mia immer ○	○ begrüßt ihre Mutter sie.
Mia mag das ○	○ aus ihrer Jugend.

2. Mias Vater will nicht, dass Mia wieder in den Park geht.
   Was meinst du, wie deine Eltern reagieren würden?

   ____

3. Einmal in der Woche kommt Mias Tante zu Besuch. Mia und ihr Bruder finden die Begrüßung der Tante eher unangenehm. Wie begrüßt du zum Beispiel deine Großeltern oder deine Tante und deinen Onkel, wenn sie zu Besuch kommen?

   ____

4. Was berichtet Tante Sabine vom Stadtpark? Welche Vermutung hat sie, als Mia von der wilden Müllkippe erzählt?

   ____

★-Aufgabe: Es ist manchmal schwierig, zu Freunden oder Verwandten NEIN zu sagen. Warum ist das trotzdem wichtig?
Überlegt gemeinsam, wer über euch und euren Körper bestimmen darf.

KAPITEL 5

Giftig!

Die Kinder treffen sich am Samstagmorgen wieder im Stadtpark.

1. Ergänze die Sätze mit den richtigen Wörtern und trage sie in das Kreuzworträtsel ein. Die Buchstaben der nummerierten Kästen ergeben das Lösungswort:

___ ___ ___ ___ ___ ___ ___ V ___
1 2 3 4 5 6 7 8

a) Die Kinder treffen sich am Samstagmorgen im …
b) Mia erzählt den anderen vom …
c) Max macht von den toten Fischen Fotos mit seinem …
d) Nicht weit von der … fließt der Bach.
e) Die Kinder finden ganz viel Müll. Auf einem Kanister ist ein …
f) Auf einem Karton entdecken sie Reste von einem …
g) Sie wollen unbedingt die … herausfinden.

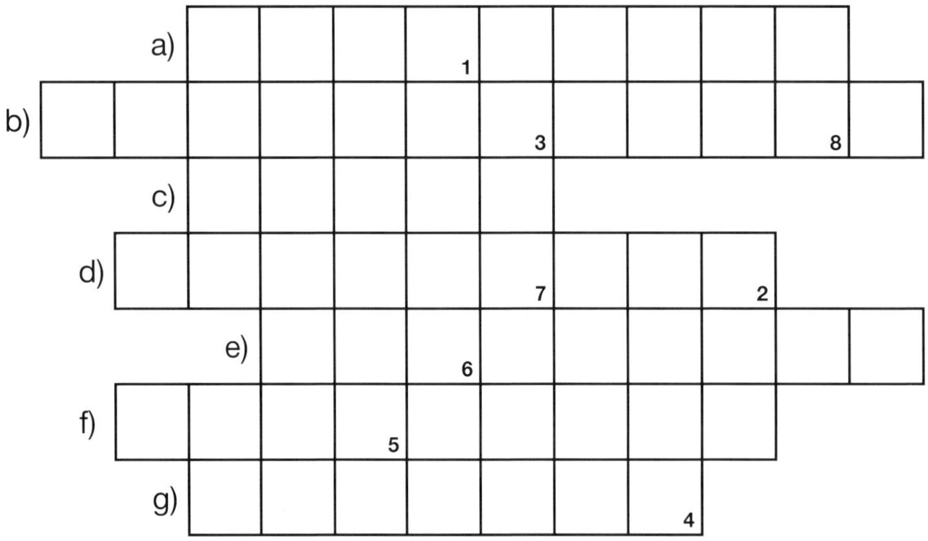

2. Bevor die Kinder nach Hause gehen, gründen sie eine Bande. Sie nennen sich:

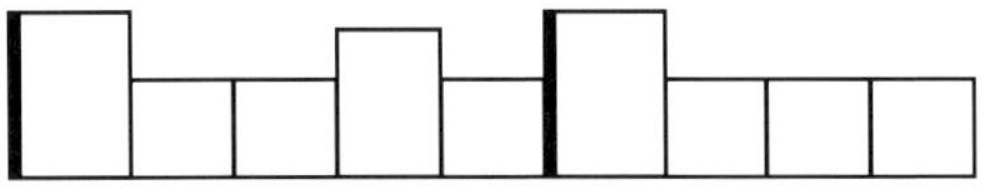

★-Aufgabe: Welche Ausrüstung und Fähigkeiten brauchen Detektive?
Erstelle eine Liste oder einen Steckbrief auf einem Blatt.

KAPITEL 6

Was ist wichtig?

Als Lotte nach Hause kommt, streiten sich ihre Mutter und ihr Bruder. Es geht zunächst um das Handy, das Linus dauernd benutzt. Dann aber erklärt die Mutter, dass sie Sorgen hat.

1. Ergänze die fehlenden Wörter. Achte dabei auf die Groß- und Kleinschreibung.

   Die Mutter erklärt, dass das ___ ___ ___ ___ (DLEG) nicht mehr reicht.

   Vom Verdienst in der ___ ___ ___ ___ ___ ___ ___ ___ (IEREKCÄB) bleibt nicht genüg übrig.

   Lotte will ihr das ___ ___ ___ ___ ___ ___ ___ ___ ___ ___ ___ (NIEWHCSRAPS) schenken.

   Aber die Mutter will das ersparte ___ ___ ___ ___ (DLEG) nicht.

   Sie meint, sie würden schon eine ___ ___ ___ ___ ___ ___ (GNUSÖL) finden.

2. Überlege, was die Geldsorgen damit zu tun haben, dass die Mutter alleinerziehend ist. Sprecht zu zweit darüber und notiert eure Gedanken.

   ____

   ____

3. Was braucht man alles zum Leben? Male es gelb an.
   Was braucht man nicht unbedingt? Male es rot an.

Wohnung	E-Bike	Strom	Tablet
Haustier	MP3-Spieler	Lebensmittel	Toilettenpapier
Kleidung	Spielekonsole	Seife	Auto
Sportverein	Zahnbürste	Heizung	Möbel

★-Aufgabe: Gibt es besondere Hobbys oder Dinge, für die du dein Taschengeld ausgibst?

____

____

Der erste Hinweis

1. Die Bande bekommt durch Knobeln und Detektivarbeit die Adresse auf dem Müllkarton heraus. Du kannst hier auch knobeln.
   Setze die Wörter richtig zusammen.

Tagesname	Tageszeitung
Stundenzeitung	
Mathekippe	
Unterrichtsnummer	
Müllplan	
Straßenbuch	
Hausgeschichte	
Straßenstunden	
Detektivschild	

2. Was haben die Kinder bisher herausgefunden?
   Schreibe in das Notizbuch.

MEIN TAGEBUCH

3. Warum streiten sich Leon und Max immer wieder, obwohl sie Freunde sind?
   Besprecht zu zweit eure Vermutung.

★-Aufgabe: Wie sollte sich ein Freund deiner Meinung nach verhalten?

BVK • Kati Ernst / Sabrina Grün: Literaturprojekt zu „KoalaCrew: Geheimnisvolle Spuren“

Überraschung

KAPITEL 8

1. Was passiert alles in diesem Kapitel?
   Verbinde die Satzteile.

Die Klasse 3b hat Musik	trieben an der Oberfläche.
Frau Schmidtlein erzählt	was sie tun können.
Unzählige Fische	bei Frau Schmidtlein.
Frau Schmidtlein sagt,	ruft Anton
Sie möchte mit den Kindern darüber nachdenken,	von toten Fischen am Ufer der Oder.
„Wir könnten demonstrieren“,	das wir den Leuten vorsingen“, schlägt Mia vor.
„Plakate malen!“,	meldet sich Malea.
„Wir könnten Unterschriften sammeln“,	sagt Ella.
„Und ein Lied machen,	dass die Fische im Teich schlecht behandelt wurden.

2. Welche Ideen hättet ihr noch, um auf das Fischsterben aufmerksam zu machen?
   Teilt euch in Gruppen zu je 5 – 6 Kindern auf und überlegt gemeinsam.
   Stellt eure Ideen dann den anderen Gruppen vor.

★-Aufgabe: Recherchiere zu dem Fischsterben in der Oder im Jahr 2022. Was war die Ursache?

Tipp:
- *www.nabu.de*
- *www.zdf.de/kinder/logo/umweltkatastrophe-fischsterben-oder-100.html*
- *www.kindersache.de/bereiche/nachrichten/fischsterben-der-oder*
- *www.umweltbundesamt.de/themen/fischsterben-in-der-erkenntnisse-handlungsoptionen*

Ein Bandenname

KAPITEL 9

Alle aus der Bande treffen sich in der Hütte im Garten von Mias Eltern.

1. ☒ Kreuze an, ob die Sätze stimmen 🙂 oder nicht stimmen 🙁.
   / Unterstreiche auch, was nicht stimmt.

2. Schreibe die Sätze richtig in dein Heft.

	stimmt 🙂	stimmt nicht 🙁
a) Pünktlich um drei Uhr treffen sich alle in Mias Gartenhütte.	☐	☐
b) Die Hütte ist ganz neu und superschön.	☐	☐
c) Sie dürfen die Hütte nutzen, wie sie wollen.	☐	☐
d) Mia darf den Namen der Bande bestimmen, weil ihren Eltern die Hütte gehört.	☐	☐
e) Alle einigen sich auf den Namen ‚Umweltschützer'.	☐	☐

3. Welchen Namen hättet ihr euch gegeben?
   Sammelt Vorschläge an der Tafel. Stimmt dann gemeinsam ab.
   Wofür hat sich die Mehrheit der Klasse entschieden?

   Unsere Bande heißt: ______________________________

★-Aufgabe: Überlegt zu zweit: Braucht eine Bande jemanden, der bestimmt? Wie sollten Entscheidungen getroffen werden? Begründet eure Meinung.

BVK • Kati Ernst/Sabrina Grün: Literaturprojekt zu „KoalaCrew: Geheimnisvolle Spuren"

Ein neues Zuhause

KAPITEL 10

1. Kannst du die Sätze aus dem Kapitel 10 im Buch finden?
   Schreibe die Seitenzahl und die Zeilen von … bis … in das Kästchen.

	Seite	Zeile von – bis
Baschar weiß nicht, ob Maruan noch lebt und ob es ihm gut geht.		
Da war es Baschar immer viel zu laut.		
Vorher haben sie elf lange Wochen mit vielen anderen Familien in der Flüchtlingsunterkunft am Rand der Stadt gelebt.		
Und Baschar ist sehr froh, dass sie hier in Sicherheit sind.		
Dort wäre er noch lieber als in der neuen Wohnung.		
Er hätte nämlich gern in seinem erlernten Beruf als Elektriker gearbeitet oder zur Not auch etwas anderes, das durfte er aber nicht.		

2. Baschar ist mit seinen Eltern aus Syrien geflohen, weil dort Krieg ist. Wie so viele andere Menschen mussten sie alles zurücklassen. Hier in Deutschland versuchen sie nun, sich etwas Neues aufzubauen. Dazu gehört natürlich, dass Baschar in die Schule geht. Aber es ist auch wichtig, dass die Eltern einen Beruf ausüben dürfen.
   - Findet doch einmal heraus, wer in eurer Klasse hier in Deutschland geboren wurde.
   - Sind die Eltern dieser Mitschülerinnen / Mitschüler auch schon hier geboren?
   - Gibt es in eurer näheren Umgebung auch eine Flüchtlingsunterkunft?
   - Wer wohnt dort?
   - Wie viele Menschen wohnen dort?

★-Aufgabe: Überlege, wie sich Baschar fühlt. Schreibe einen Tagebucheintrag auf ein Blatt, in dem du seine Gedanken an seine Heimat Syrien, den Krieg, die Flucht und sein neues Zuhause in Deutschland beschreibst.

KAPITEL 11

Geheimnisvolle Kanister

Die KoalaCrew will sich noch einmal in der Straße *Im Himmel* umschauen.

1. Lies die Sätze.
   Setze dann mit einem Bleistift einen Trennstrich hinter jedes Wort.

2. Schreibe den Text danach richtig in dein Heft / auf ein Blatt.
   Achte dabei auf die Groß- und Kleinschreibung und auf die Zeichensetzung.

   DIEKINDERSTELLENIHREFAHRRÄDERBEIMSTADIONAB

   DERÄLTEREMANNARBEITETWIEDERIMGARTEN

   DERKLEINTRANSPORTERHÄLTVORDERGARAGE

   DERFAHRERBRINGTZWEIKANISTER

   MAXFOTOGRAFIERTDIEAUFSCHRIFTAUFDEMWAGEN

   DERFAHRERSTELLTZWEIANDEREKANISTERINDENWAGEN

3. Was glauben die Kinder, macht der Mann mit dem Öl?

4. Baschar hat eine Idee, wie sie das Auto finden. Weißt du es auch?
   Schreibe auf.

★-Aufgabe: Finde heraus, wie altes Öl richtig entsorgt wird.

Tipp: *www.wer-entsorgt-was.de*

BVK • Kati Ernst / Sabrina Grün: Literaturprojekt zu „KoalaCrew: Geheimnisvolle Spuren“

Tante Sabine legt los!
Auf der Polizeiwache

Bildet Gruppen mit je 3 Kindern.
Spielt die wichtigsten Szenen des Kapitels nach.
✂ Schneidet dazu die Karten aus und verteilt die Rollenkarten und die Inhaltskarten.
Welche Gruppe hat die Szene am besten dargestellt?

Rollenkarten

Tante Sabine	Beamter auf der Polizeiwache	Frau Welser in der Lokalredaktion
Westfalenpost		

Inhaltskarten

hat keine Beweise	möchte das nicht weiter verfolgen	glaubt einfach nicht, dass ein angesehener Bürger darin verwickelt ist
möchte für Gerechtigkeit sorgen	geht zur Polizei	geht zur Zeitung

★**-Aufgabe:** Welche Aufgaben haben Medien? Sollten Nachrichten davon abhängen, ob eine Firma teure Anzeigen schaltet? Überlegt gemeinsam in der Klasse.

KAPITEL 14

Musical-Probe

Frau Schmidtlein hat alles für die Sprechprobe vorbereitet. Außerdem soll Ayshe das Lied vorsingen.

1. Wie verändert sich die Lehrerin Frau Schmidtlein im Laufe der Geschichte?
   Überlege: Verändern sich die Kinder auch?

   ____

   ____

2. Was ist wichtig, wenn man ein Theaterstück oder ein Musical aufführen möchte?
   Fülle das kleine Lexikon aus.
   Du kannst dazu auch im Internet recherchieren.
   Tipp: *https://klexikon.zum.de/wiki/Musical*

Musical-Lexikon	**Einsatz:** **Gestik:**
Klavierbegleitung: **Mimik:**	**Singprobe:** **Spielprobe:**
Sprechprobe: **Szene:**	

Auf zur Bürgermeisterin

KAPITEL 15

1. Hast du das Kapitel gut gelesen?
   Dann löse das Rätsel und trage die Buchstaben ein.

   a) Die Kinder haben bei der Bürgermeisterin einen … .
   b) Sie findet es gut, dass sie sich für die … einsetzen.
   c) Die Kinder berichten alles von … an.
   d) Die Bürgermeisterin kann nicht glauben, dass Herr Blume die giftigen … einfach entsorgt.
   e) Sie möchte aber, dass die Kinder die Aufklärung der … überlässt.
   f) Die … ist bei den KoalaCrew sehr groß.

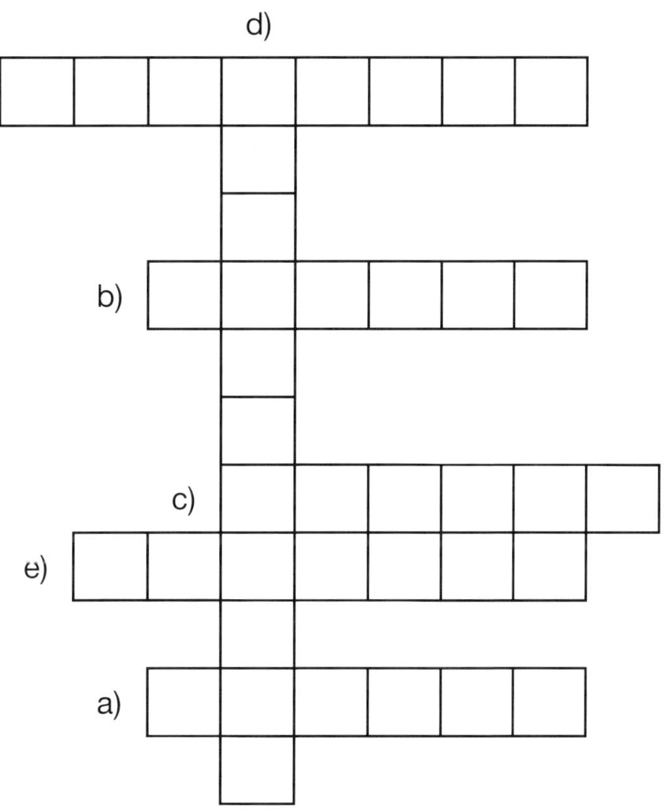

2. Die KoalaCrew ist sind mit ihrem Besuch bei der Bürgermeisterin nicht ganz zufrieden. Sie haben gemerkt, dass die Bürgermeisterin sehr zurückhaltend reagiert hat. Könnt ihr verstehen, warum? Tauscht euch in der Klasse darüber aus.

★**-Aufgabe:** Was könnte die Bürgermeisterin tun? Sie darf ja nicht ermitteln so wie die Polizei. Aber sie könnte sich dafür einsetzen, dass … ______________________________

____

★**-Aufgabe:** Sollten besonders wichtige oder angesehen Bürgerinnen und Bürger von der Polizei anders behandelt werden als andere? Begründe deine Antwort.

KAPITEL 16

Leons Vater macht Stress

Am nächsten Tag hat Leon Streit mit seinem Vater.

1. Lies den Text. Hier ist aus Versehen alles groß geschrieben.
   Schreibe den Text richtig in dein Heft.
   Achte dabei auf die Groß- und Kleinschreibung.

„IHR WOLLT JA NUR … WAS WOLT IHR NUR? IHR SEID NOCH KINDER, DENEN MAN IRGENDEINEN FLOH INS OHR GESETZT HAT. DEMONSTRIEREN, DASS ICH NICHT LACHE."
„ICH BIN SCHON ZEHN", ERWIDERT LEON. „UND DAS IST DOCH EINE GANZ WICHTIGE …", VERSUCHT ER ES ERNEUT.
„EINE GANZ WICHTIGE WAS, EINE GANZ WICHTIGE SACHE? WAS IST EINE GANZ WICHTIGE SACHE?", UNTERBRICHT IHN SEIN VATER SCHON WIEDER.

2. Wie empfindest du die Auseinandersetzung zwischen Leon und seinem Vater?
   Tausche dich mit einem Partner aus.

3. Formuliert gemeinsam drei Begründungen, warum ihr eine Demo gut findet.

   Wir finden eine Demo gut, weil

   1) ______________________________

   ____

   2) ______________________________

   ____

   3) ______________________________

   ____

4. Tauscht euch anschließend in der Klasse aus.
   Haben sich eure Begründungen unterschieden?

★**-Aufgabe:** Welche Reaktion wünscht sich Leon wohl von seinem Vater?

____

____

____

Strafe für den Fischmörder

KAPITEL 17

Die Kinder treffen sich zum Fußballspielen.

1. Lies den Text in den Kästen und verbinde die richtigen Kästen miteinander.

Schnell haben die Kinder ◯	◯ ein bisschen unfair.
Max und Baschar ◯	◯ den Anschlusstreffer.
Leon findet das ◯	◯ Mannschaften gebildet.
Baschar ◯	◯ Lotte der Ausgleich.
Nun aber schießt Mia ◯	◯ spielen bei Elif in der Mannschaft.
Etwas später gelingt ◯	◯ schießt zwei Tore.

2. Lies das Kapitel sorgfältig. Leon und Lotte mögen sich.
   Schreibe Textstellen heraus, die das zeigen.

   Seite: ______________________________

   ____

   Seite: ______________________________

   ____

   Seite: ______________________________

   ____

3. Nach dem Spiel sind alle zufrieden. Sie gehen zu Mia und bewundern die drei großen Plakate. Was würdest du für deinen Wohnort auf das Plakat schreiben wollen? Was wäre dir dafür wichtig?
   Schreibe auf. Gestalte dann ein Plakat auf einem Blatt.

4. Vergleicht eure Plakate. Gibt es Übereinstimmungen?

KAPITEL 18

Der Beweis

1. Löse das Rätsel.

1) Die Kinder wollen den … überführen.										
2) Dazu fahren sie in die Straße „Im …“.										
3) Das … bleibt offen.										
4) Max zieht … mit in die Garage.										
5) Sie nehmen etwas Öl aus einem … mit.										
6) Drei Tage später bekommen sie das Untersuchungsergebnis aus dem …										
7) Alle …, weil sie den Täter nun haben.										

2. Welche Tricks müssen die Kinder anwenden, um Beweise zu finden? Finde sie im Labyrinth.

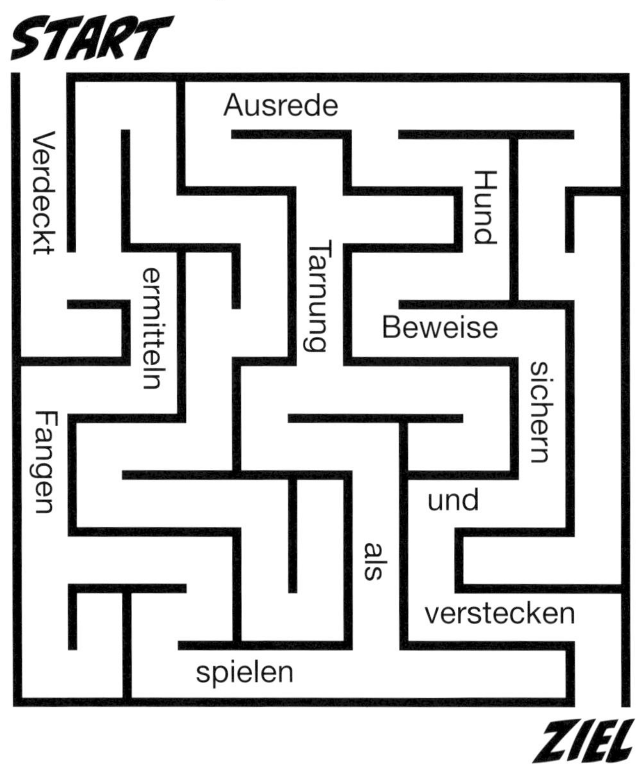

3. Überlegt zu zweit: Darf man – zum Beispiel beim Ermitteln – in fremde Häuser oder auf fremde Grundstücke gehen? Überlegt, warum ein Gericht den Beweis mit dem Öl nicht anerkennen würde.

★**-Aufgabe:** Erstelle ein Detektiv-Handbuch. Erkläre wichtige Begriffe und gib Tipps für Ermittlungen.

Beweise sichern – Befragen – verdeckt ermitteln – Tarnung – Schlussfolgerungen ziehen

BVK • Kati Ernst/Sabrina Grün: Literaturprojekt zu „KoalaCrew: Geheimnisvolle Spuren“

DETEKTIV-HANDBUCH

Detektiv-Ausrüstung:

____

____

____

____

____

____

Detektiv-Methoden:

____

____

____

____

____

____

So kann ich Spuren sichern:

____

____

____

____

____

____

So kann ich mich tarnen:

____

____

____

____

____

____

So kann ich eine Befragung durchführen:

____

____

____

____

____

Ein wunderschönes Gefühl

KAPITEL 19

Leon wartet nach der Schule auf Lotte. Er möchte noch etwas mit ihr zusammen sein, weil er sie mag.

1. Lies den Text auf Seite 103 (unten) und ergänze die Lücken.

Tatsächlich ist er etwas ( ). Obwohl er Lotte ja schon ( ) kennt und sie ja auch ( ) in der ( ) sind. Aber so ganz ( ) mit ihr … das ist schon etwas ( ), findet ( ) jedenfalls.

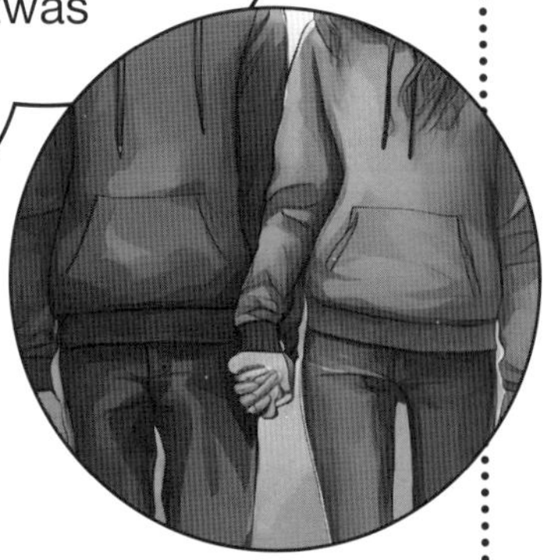

2. Gefühle können ganz unterschiedlich sein.
   Male die Gefühle, die du gut findest, orangefarben an.
   Male Gefühle, die du nicht schön findest, grau an.

Aufregung | Wut | Trauer | Enttäuschung | Staunen

Überraschung | Stolz | Fröhlichkeit | Glück

★-Aufgabe: Leon durchlebt in diesem Kapitel ganz verschiedene Gefühle. Er ist traurig und wütend über seinen Vater. Aber er ist auch glücklich, dass er mit Lotte allein reden kann und sie ihn tröstet.
Schreibe einen Tagebucheintrag aus Leons Sicht.
Beschreibe dabei diese verschiedenen Gefühle genauer.

MEIN TAGEBUCH

____

____

Der große Tag

1. Heute ist die Musical-Aufführung. Die Kinder sind aufgeregt. Woran merkt man das? Lies nach und ergänze die Sätze.

   Einige Kinder murmeln ______________________________

   Andere ______________________________

   Elif und Anton ______________________________

   Theresa und Max ______________________________

   Leon und Max ______________________________

2. Wann bist du aufgeregt? Schreibe auf.

   ____

   ____

3. Was machst du gegen die Aufregung? Schreibe einen Tipp auf. Tauscht euch anschließend in der Klasse aus.

Mein Tipp gegen Aufregung:

★**-Aufgabe:** Dichtet zusammen eine eigene Strophe zu dem Lied dazu.

____

____

____

____

BVK • Kati Ernst/Sabrina Grün: Literaturprojekt zu „KoalaCrew: Geheimnisvolle Spuren“

Demonstrieren für die Umwelt

KAPITEL 21

1. Die Kinder spielen im Musical das vor, was sie herausgefunden haben.
   Dabei geben sie einige versteckte Hinweise.
   Kannst du sie entschlüsseln? Schreibe auf:

Malik liegt unter einem Moped und schraubt daran herum.

Auf dem Straßenschild steht „Zur Hölle“.

Paul hat eine große rote Blume in der Hemdentasche.

2. Wie reagieren die Zuschauer auf das Musical?
   Schreibe mindestens drei Sätze dazu.

★-Aufgabe: Überlegt zu zweit eine Melodie zu dem Lied oder versucht, es zu rappen. Ihr könnt eure Versionen in der Klasse vorführen.

BVK • Kati Ernst/Sabrina Grün: Literaturprojekt zu „KoalaCrew: Geheimnisvolle Spuren“

Viel Lob für die KoalaCrew

1. Lies den Zeitungsartikel noch einmal genau.
   In einer Zeitung gibt es verschiedene Textsorten. Lies die Beschreibungen.
   Male den Kasten an, der am besten zu dem Artikel im Buch passt.

NACHRICHT
Hier werden nur kurz die Tatsachen (Fakten) wiedergegeben. Was ist wann wo passiert? Bewertungen und Meinungsäußerungen kommen nicht vor.

REPORTAGE
Es wird ausführlich von einem Ereignis berichtet, bei dem die Reporterin / der Reporter in der Regel selbst dabei war. Neben den Fakten können auch Bewertungen und Schlussfolgerungen enthalten sein.

KOMMENTAR
Hier wird ausdrücklich eine Meinung zu einem Sachverhalt ausgedrückt. Teilweise drucken Zeitungen zwei unterschiedliche Kommentare zum gleichen Thema ab mit gegensätzlichen Meinungen und Argumenten.

BERICHT
Es wird ausführlich, aber sehr sachlich über ein Ereignis berichtet. Eine eigene Meinung wird nicht ausgedrückt.

2. Nenne drei Gründe, warum die Kinder stolz auf sich sein können.

___

___

___

★**-Aufgabe:** Schreibe einen eigenen Zeitungsartikel auf ein Blatt. Suche dazu eine der Formen oben aus. Du kannst den Artikel auch am Computer schreiben.

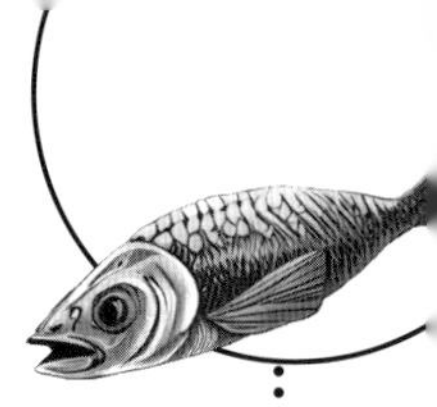

Eine Buchkritik schreiben

Du hast das Buch „Geheimnisvolle Spuren“ gelesen.
Überlege einmal, was dir an dem Buch gut oder auch nicht so gut gefallen hat.
Nun darfst du eine Buchkritik dazu schreiben.
Fülle dazu den vorbereiteten Bogen aus.

Buchkritik

Titel des Buches

Autoren

Art des Buches (Sachbuch, Gedichtband, Roman)

Das Buch wurde geschrieben für

Darum geht es in dem Buch (= kurze Inhaltsangabe)

Das kann ich über das Buch sagen

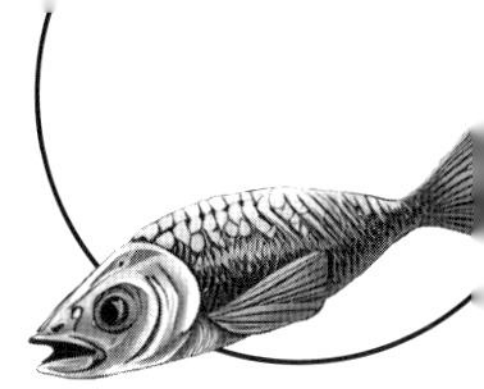

Lesezeichen basteln

1. Bastle dein eigenes Lesezeichen. Suche dir ein Motiv aus.
2. Schneide ein Lesezeichen aus und laminiere es. So hält es viel länger.

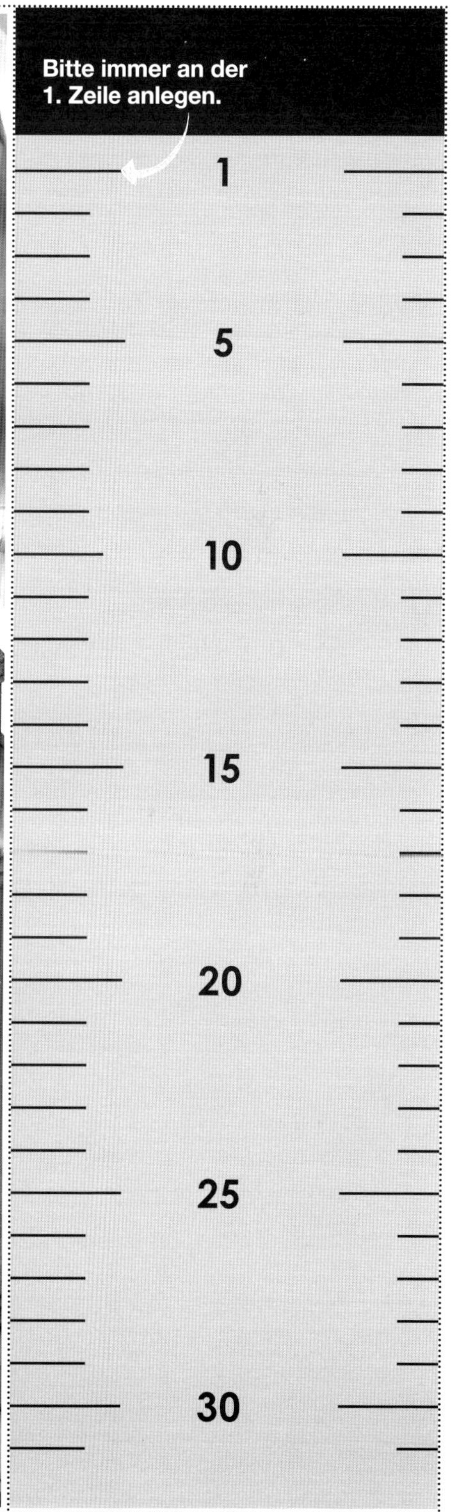

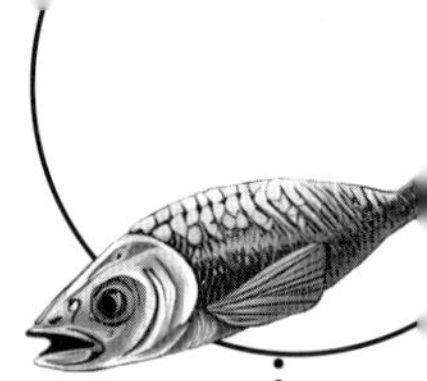

Personenbeschreibung

1. Du hast nun alle Kinder kennengelernt, die zu der KoalaCrew gehören.
   Schreibe zu den Figuren Merkmale als Stichworte in die Tabelle.
   Ergänze die Tabelle, wenn du weitere Informationen im Buch erhältst.
   Du kannst die Tabelle auch am Computer erstellen.

2. Suche dir dann eine Person aus und fertige eine ausführliche Personenbeschreibung an. Verwende dafür alle Informationen, die im Buch stehen. Ergänze sie nach jedem Kapitel. Die Angaben aus der Info-Box „Personenbeschreibung“ helfen dir dabei.

Info-Box

Personenbeschreibung

Bei einer Personenbeschreibung achtest du auf Name, Alter, Geschlecht und – sofern du dies weißt – Herkunft. Auch ihre Lebensbedingungen kannst du berücksichtigen.

Dann gehst du auf das Aussehen der Figur ein. Beschreibe alle körperlichen Merkmale wie Größe, Gewicht und Körperbau sowie die Kleidung, die sie trägt. Auch die Schuhe sind wichtig.

Achte aber auch auf Besonderheiten wie Ohrringe oder eine Narbe.

Person	**Beschreibung**
Mia	
Lotte	
Elif	
Baschar	
Max	
Leon	
Tante Sabine	
Frau Eberl	
Frau Schmidtlein	

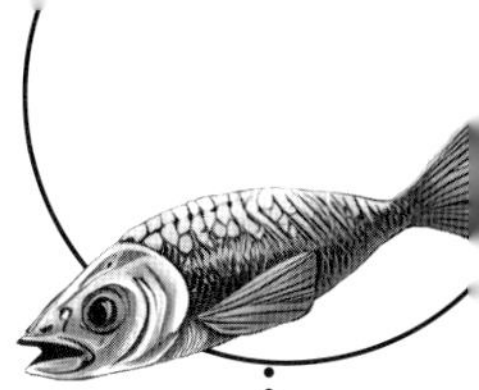

Zeitungsartikel schreiben

Nach der gelungenen Theateraufführung in der Schule erscheint tatsächlich ein Artikel in der Tageszeitung. Alle Kinder der Klasse freuen sich riesig darüber.

Schreibe nun selbst einen Zeitungsartikel auf ein Blatt. Formuliere dabei die Geschichte so, als wäre sie an deiner Schule passiert.

Fülle vorher die Tabellen aus. Sie helfen dir, den Artikel zu schreiben. Beachte auch die Info-Box „Reportage“.

Beantworte in deinem Artikel folgende Fragen

Was ist passiert?	
Wann ist es passiert?	
Wer war beteiligt?	

Sammle abwechslungsreiche Satzanfänge

Nachdem		
Obwohl		
Währenddessen		
Plötzlich		

Sammle verschiedene Adjektive

riesig		
gefährlich		
mutig		

Info-Box

REPORTAGE

Es wird ausführlich von einem Ereignis berichtet, bei dem die Reporterin / der Reporter in der Regel selbst dabei war. Neben den Fakten können auch Bewertungen und Schlussfolgerungen enthalten sein.

Eine Reportage wirkt besonders lebendig und spannend, wenn du auch verschiedene Sinneseindrücke wie Geräusche, Gerüche und Farben beschreibst. Verwende passende Adjektive, um Dinge genauer zu beschreiben. Achte auch auf abwechslungsreiche Satzanfänge.

BVK • Kati Ernst/Sabrina Grün: Literaturprojekt zu „KoalaCrew: Geheimnisvolle Spuren“

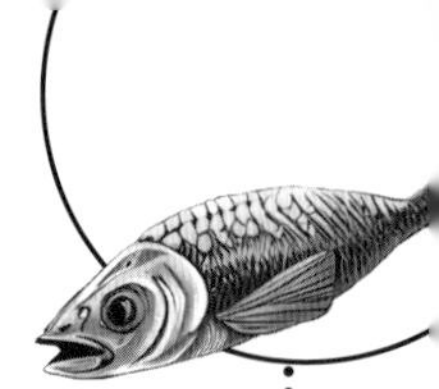

Müll trennen und entsorgen

Die Kinder finden im Park viele Dinge, die einfach weggeworfen wurden. Dieser Müll gehört auf jeden Fall anders entsorgt.

1. Welche Müllsorgen kennst du? Wie wird Müll richtig getrennt?
   Male die Tonnen in den Farben an, die für die jeweilige Art von Müll in deinem Wohnort gelten.

Restmüll | Biomüll | Verpackungsmüll | Glasmüll | Papiermüll

2. Ordne nun die Wörter im Kasten richtig zu, indem du sie mit der richtigen Farbe anmalst.

Eierkarton | Limodose | Bonbontüte | Pizzakarton | Eierschale

Bananenschale | Konservendose | Schokocremeglas | Milchkarton

Zeitung | Brötchentüte | Marmeladenglas | Weinflasche | Joghurtbecher

3. Es gibt auch besonderen Müll, der nicht über Tonnen entsorgt wird, das ist zum Beispiel Bauschutt oder auch Industriemüll. Ordne richtig zu und verbinde.

- Ziegelsteine ○
- Lacke ○
- Waschbecken ○
- Chemikalien ○
- Mauerwerk ○

Bauschutt

Industriemüll

- ○ giftiger Schlamm
- ○ Metalle
- ○ Kacheln
- ○ Fliesen

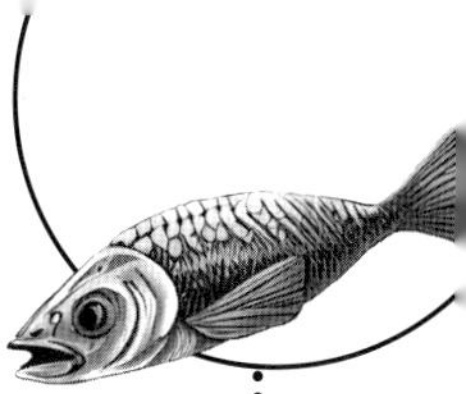

Müll vermeiden

Ihr könnt im Alltag viel tun, um Müll zu vermeiden.

Überlegt gemeinsam, wie der tägliche Plastikmüll reduziert werden kann.
Sucht nachhaltige Lösungen für unnötigen Plastikmüll.

Verbindet die passenden Vorschläge. Ergänzt eigene Ideen.

Schulbrot in Alufolie oder Plastik eingewickelt	wiederverwendbare Flaschen aus Aluminium, Kunststoff oder Glas verwenden und Wasserspender in der Schule aufstellen
Getränkeflaschen aus Plastik	Blätter beidseitig beschreiben
Papiermüll in der Klasse	Wiederverwendbare Brotdose aus Aluminium oder Kunststoff.

BVK • Kati Ernst/Sabrina Grün: Literaturprojekt zu „KoalaCrew: Geheimnisvolle Spuren“

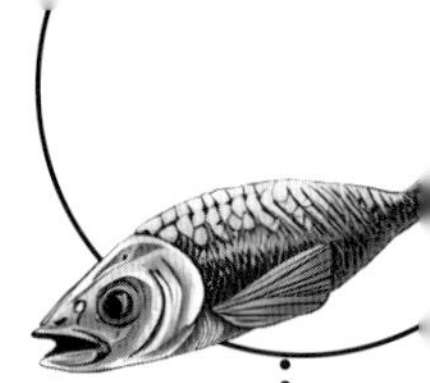

Müll-Aktion

Nach Sammys Verletzung suchen die Kinder den Park ab und entdecken eine „wilde“ Müllkippe. Es muss aber nicht unbedingt eine wilde Müllkippe sein. Wenn ihr euch auf dem Weg zur Schule einmal genau umschaut, entdeckt ihr bestimmt viele kleine Dinge, die achtlos weggeworfen wurden. Sie alle verschmutzen unsere Umwelt. Einige davon verunreinigen sogar das Grundwasser.

Führt gemeinsam mit der ganzen Klasse eine Müllsammelaktion durch.

Dazu braucht ihr
- die Zustimmung eurer Eltern,
- die Zustimmung eurer Klassenlehrerin/eures Klassenlehrers

und auch
- die Zustimmung eurer Schulleitung.

Ihr braucht:
Plastiksäcke, Handschuhe, evtl. Greifzangen, größere Plastikplanen

Einigt euch, welche Kinder was sammeln, dann könnt ihr den Abfall direkt aufteilen in
- Papier und Pappe = Einkaufszettel, Werbeflyer, alte Zeitungen, sonstiges Verpackungsmaterial
- Plastik = Trinkbecher, Plastiktüten, Verpackungen von Lebensmittel
- und Zigarettenkippen

Fasst den Müll unbedingt nur mit der Greifzange oder mit Handschuhen an!

Tipp:
Breitet nach eurer Aktion größere Plastikplanen auf dem Boden aus. Schüttet den gesammelten Abfall nach Sorten sortiert auf die Planen.

Fotografiert euren Müll und gestaltet damit eine Ausstellung in der Schule, in eurem Klassenzimmer oder im Schulflur.

Achtung:
Wenn die Aktion beendet ist, denkt daran, den Müll dann richtig zu entsorgen.

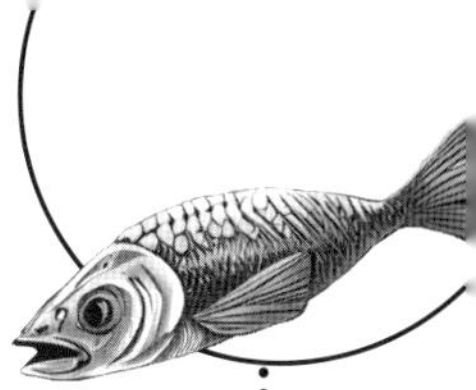

Kunst aus Müll

Stifte-Behälter

Du brauchst: alte Pappschachteln in verschiedenen Größen, leere Toilettenpapierrollen, Altpapier (Zeitungen, Reklameblättchen), Schere, Kleber, evtl. Farben, ein Stück Karton, Wäscheklammern

So geht es:

1. Schneide die Schachteln und Papierrollen so zu, wie du es gerne möchtest.
2. Beklebe die Schachteln und Rollen mit dem Altpapier. Du kannst sie auch anmalen oder du lässt sie im Zeitungsstil oder Reklamelook.
3. Ordne die Schachteln und Rollen beliebig an und klebe sie aneinander.
4. Klebe die Schachteln auf ein Stück Karton.
5. Jetzt kannst du deinen Behälter mit Stiften und anderem Büromaterial befüllen.

Tipp: Wenn du eine Wäscheklammer an eine Schachtel klebst, kannst du dort wichtige Notizen anheften!

Blechdosen-Nistkasten

Du brauchst: 1 Blechdose, bunte Wolle, Schere, Kleber, Hammer, Nagel, Draht und Füllmaterial wie Bambusstäbe, zusammengerollte Wellpappe, Holzwolle, Stroh, Zweige; evtl. Holzperlen, weißen und schwarzen Filz

So geht es:

1. Wickle die bunte Wolle um die Blechdose. Knote die Fäden aneinander, wenn du die Farbe wechselst. Das Ende des letzten Fadens verknotest du ebenso.
2. Wenn deine Dose ein Tier werden soll, dann knote gleich lange Fäden als Beine an die Unterseite der Dose. Daran kannst du die Holzperlen für die Füße knoten.
3. Schneide aus dem Filz zwei größere weiße Kreise und zwei kleinere schwarze Kreise. Das werden die Augen deines Tieres. Klebe die Augen links und rechts an die Dose.
4. Mache vorsichtig mit dem Hammer und dem Nagel ein Loch an den Rand des Dosenbodens. Lasse dir von einem Erwachsenen helfen.
5. Ziehe ein Stück Draht durch das Loch und die Dose. Verdrehe die Enden miteinander. Jetzt kannst du deine Dose daran aufhängen.
6. Stecke zuletzt das Füllmaterial in die Öffnung.

Tipp: Diese und viele weitere Upcycling-Ideen findest du unter: *www.geo.de/geolino/basteln*

Lebensraum Teich

Die Kinder entdecken viele tote Fische im Teich. Wahrscheinlich sind aber nicht nur Fische gestorben, sondern noch viele andere Teichbewohner. Außerdem brauchen auch Teichpflanzen sauberes Wasser, damit sie wachsen können.

Kennst du dich aus?

1. Schaue dir das Bild gut an.

2. Male alle Tiere und Pflanzen farbig aus, die du kennst.

Tipp:

Mehr Infos zum Lebensraum Teich findest du auch unter: *www.klassewasser.de*

Detektive

1. Lies den Infotext.
2. Nimm von mindestens vier Mitschülern den Fingerabdruck des Zeigefingers und untersuche ihn.

Du brauchst:
1 Stempelkissen, Papier oder hellen Karton, 1 Lupe

So geht es:
Bitte ein Kind, die Fingerspitze seines Zeigefingers auf dem Stempelkissen hin- und herzurollen, bis sie gleichmäßig eingefärbt ist. Anschließend rollt das Kind seine Fingerspitze unter Druck auf einem Blatt Papier ab. Schreibe den Namen des Kindes zu dem Fingerabdruck. Welche Muster entdeckst du?
Schreibe deine Ergebnisse unter jeden Fingerabdruck.
Tipp: Nimm eine Lupe zu Hilfe.

Zusatzaufgabe:
Fertige einen Fingerabdruck von deinem Finger an. Vergleiche deinen Abdruck mit dem eines anderen Kindes. Welche Unterschiede fallen dir auf?

Info-Box

Fingerabdrücke
Einer der größten Fehler, die einem Verbrecher passieren können, sind hinterlassene Fingerabdrücke am Tatort.
Ein Fingerabdruck ist ein Abdruck der sehr feinen Linien an den Fingerspitzen, die man „Papillar-Linien“ nennt. Fingerabdrücke entstehen, weil das Fett und der Schweiß auf der Haut an den berührten Gegenständen haften bleiben.
Mit Hilfe eines Fingerabdrucks kann man einen Täter ganz sicher wiedererkennen.
Dies ist möglich, da jeder Fingerabdruck einzigartig ist. Sogar eineiige Zwillinge besitzen unterschiedliche Fingerabdrücke.
Außerdem verändern sich Fingerabdrücke nie. Diese Muster bleiben das ganze Leben lang gleich. Sogar nach einer Verletzung bleibt das Muster erhalten.
Besonders gut erhaltene Fingerabdrücke findet man an Gläsern und an Türklinken. Um diese sichtbar zu machen, wird farbiges Pulver mit einem weichen Pinsel vorsichtig auf dem Abdruck verteilt. Das Pulver bleibt am Fett haften und kann mit einem Klebestreifen abgenommen werden. Der Klebestreifen wird dann mit dem Pulver auf ein Papier geklebt und das Muster des Fingerabdrucks somit gesichert.
Die Abdrücke können wie Bögen, Schleifen oder Wirbel aussehen, je nachdem, wie der Finger an der Kuppe geformt ist

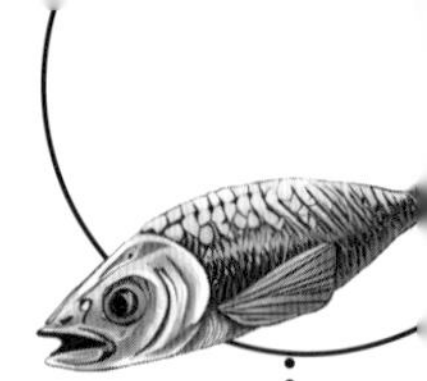

Zivilcourage

Im Buch „KoalaCrew – Geheimnisvolle Spuren“ geht es auch um Zivilcourage.
Die KoalaCrew setzt sich für die Umwelt ein und geht sogar bis zur Bürgermeisterin mit ihrem Anliegen. Die Kinder schauen nicht weg, sondern helfen.

1. Lies die Info-Box zu Zivilcourage.

Info-Box

Zivilcourage
Das Wort *Zivilcourage* setzt sich aus zwei Wörtern zusammen: Das lateinische Wort *civis* bedeutet Bürger. Das französische Wort *courage* bedeutet Mut. Zivilcourage bedeutet also so etwas wie „Bürgermut“ oder „Alltagsmut“ und man verwendet es, wenn sich jemand im täglichen Leben für andere einsetzt und hilft. Oft auch ohne Rücksicht auf sich selbst. Also wenn man jemandem hilft, der verprügelt wird, obwohl man dann selbst verprügelt werden könnte. Oder wenn man jemanden mit Worten verteidigt, obwohl man selbst dafür Ärger bekommen könnte.

2. Suche mindestens zwei Stellen im Buch, bei denen es um Zivilcourage geht.
Schreibe jeweils die Seitenzahl und einen Satz dazu auf.

★**-Aufgabe:** Besprecht in der Klasse, warum es manchmal schwierig ist, anderen zu helfen. Überlegt, was passiert, wenn alle wegsehen. Besprecht auch, welche Gefahren lauern, wenn man anderen hilft. Wie kann man am besten Hilfe holen und anderen helfen, ohne sich selbst in Gefahr zu bringen?

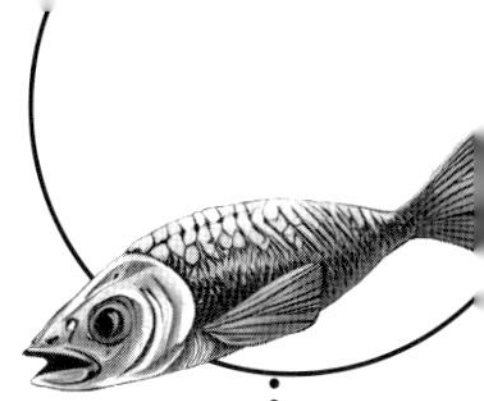

Was ist Demokratie?

1. Lies den Infotext zu Demokratie.

Info-Box

DEMOKRATIE

Eine Demokratie bedeutet, dass die Menschen in einem Land mitentscheiden dürfen. Dafür wählen sie Vertreter, die ihre Meinung für sie vertreten.
In einer demokratischen Regierung sind das gewählte Politikerinnen und Politiker.
Man spricht auch von einer Volksvertretung.
Demokratie bedeutet vor allem Mitbestimmung aller Einwohnerinnen und Einwohner. Und dass die Mehrheit entscheidet, nicht eine einzelne Person.
So können alle die Politik und damit die Entscheidungen in der eigenen Stadt mitbestimmen und gestalten. Alle dürfen ihre freie Meinung äußern – solange sie nicht beleidigen oder Hass verbreiten.
Sie können ihr Anliegen an die gewählten Vertreterinnen und Vertreter herantragen, wie beispielsweise die Kinder das bei der Bürgermeisterin im Buch gemacht haben. Und wenn das nicht hilft, können die Menschen auch demonstrieren und ihre Meinung öffentlich äußern.
Übrigens gehört auch eine freie Presse zur Demokratie. Medien wie Zeitungen oder Internet-Nachrichtendienste entscheiden unabhängig von der Regierung, was sie veröffentlichen.

2. Unterstreiche wichtige Aussagen im Text.

3. Finde mindestens drei Beispiele im Buch, wo Demokratie eine Rolle spielt.
Schreibe jeweils die Seiten und einen passenden Satz auf.

____

____

____

____

★-Aufgabe: Du kannst selbst auch mitbestimmen – zum Beispiel an deiner Schule! Welche Möglichkeiten gibt es? Sprich mit Lehrkräften, Schülervertretungen und der Schulleitung. Wo könnt ihr euch einbringen? Wie könnte eure Beteiligung vielleicht noch erhöht werden? Zum Beispiel bei der Gestaltung des nächsten Schulfestes oder der Entscheidung über die Schulhofgestaltung … Haltet eure Ergebnisse in einer geeigneten Form fest. Das kann ein Poster sein, eine Mindmap oder eine Tabelle …

BVK • Kati Ernst / Sabrina Grün: Literaturprojekt zu „KoalaCrew: Geheimnisvolle Spuren“

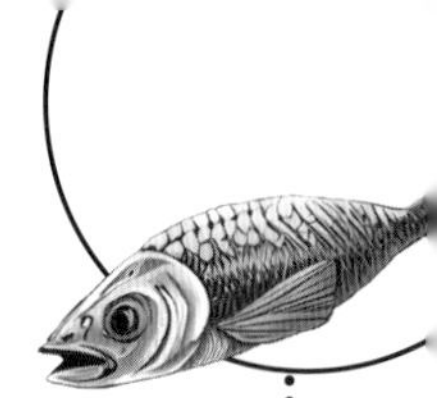

Falschnachrichten erkennen

1. Lies die Informationen über Fake News. Unterstreiche dabei wichtige Aussagen.

Fake News

Wir bekommen jeden Tag Unmengen von Informationen und Nachrichten.
Es ist wichtig, dass man sie einordnen kann.

- Ist die Nachricht wirklich so wichtig und so bedeutsam?
- Welchen Einfluss hat die Information auf mich?
- Ist die Nachricht echt? Stimmen die Aussagen?
- Welche Absicht steckt dahinter, was möchte jemand erreichen?

Heute können Texte und Bilder schon von Computern erstellt werden, von einer so genannten Künstlichen Intelligenz. Daher ist es noch wichtiger, eine Information überprüfen zu können.

Falschnachrichten werden auch *Fake News* genannt. Sie sehen echt aus, sind aber in Wirklichkeit erfunden. Es gibt sie zu allen möglichen Themen. Manchmal sind sie schwer von echten Nachrichten zu unterscheiden. Das Ziel von Fake News ist Aufmerksamkeit und Beeinflussung.

Mit einigen Methoden kannst du sie erkennen.

Kurze Checkliste für Fake News:

- Ist die Überschrift reißerisch und passt nicht richtig zum Text? Will sie nur erreichen, dass man etwas anklickt?
- Ist die Nachricht glaubwürdig, kennst du die Quelle? Kann die Behauptung bei logischem Nachdenken stimmen?
- Wie wird die Aussage begründet und belegt? Gibt es wissenschaftliche Erkenntnisse? Werden Beispiele und Zahlen genannt? Gibt es einen Verfasser? Ist das Datum aktuell?
- Prüfe: Kann ich die Behauptungen schnell belegen oder aber widerlegen durch eine Internetsuche auf mir bekannten, ernsthaften Internetseiten?

2. Informiere dich im Internet über Fake News.
www.tagesschau.de/faktenfinder/
www.hanisauland.de/lexikon/f/fake-news/

Dieses Video erklärt Fake News für Kinder:
https://tag-der-kinderseiten.de/video-charlie-die-sonderbare-nachricht

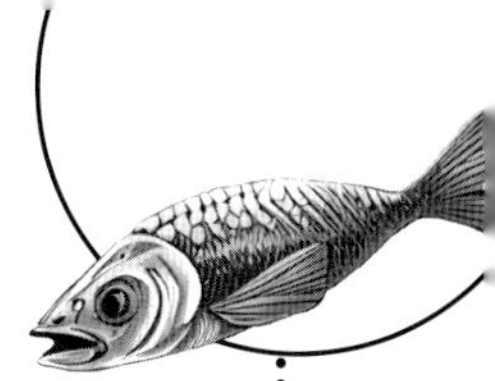

Flucht

Baschar ist mit seinen Eltern aus Syrien geflohen, weil dort Krieg ist.

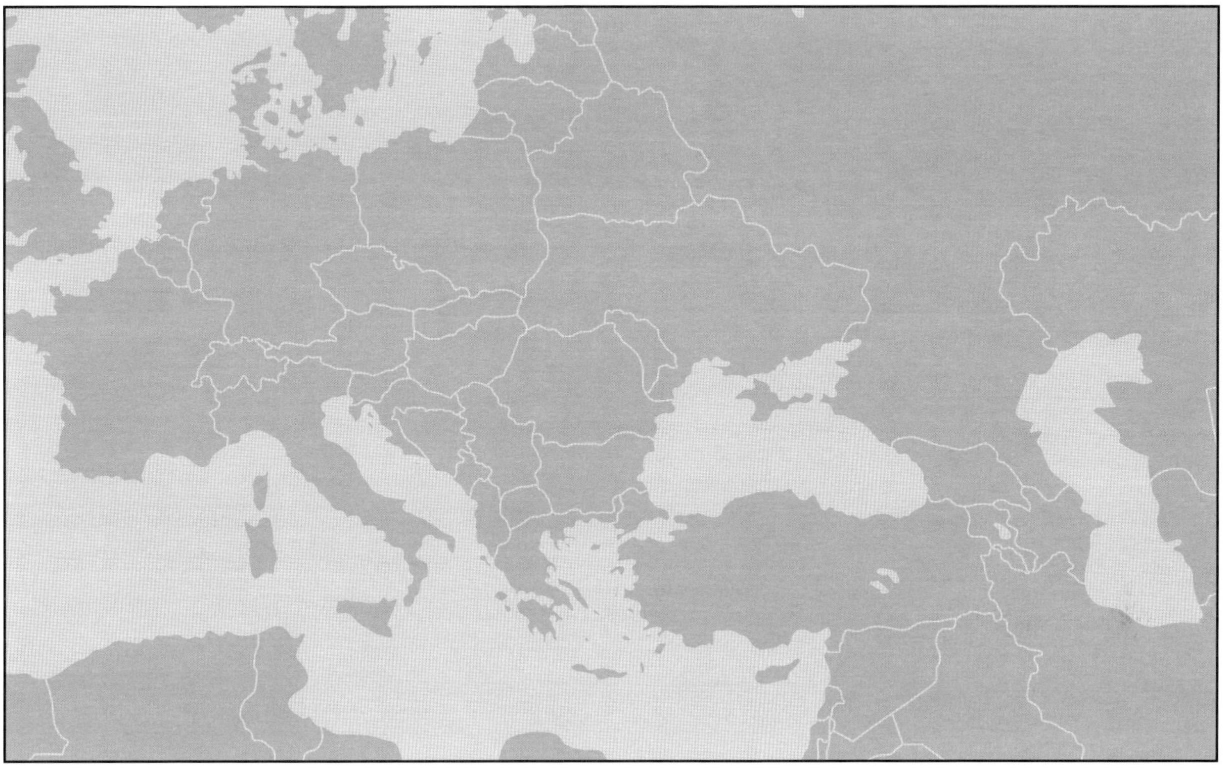

1. Schaue dir die Karte an. Suche das Land Syrien und male es farbig an.
2. Von Syrien führt ein Weg über Land nach Deutschland und ein Weg über das Mittelmeer. Zeichne die Wege ein. Durch welche Länder könnte Baschar auf seiner Flucht gekommen sein?

3. Überlege: Welche Probleme und Gefahren hat er mit seiner Familie unterwegs vielleicht gehabt? Denke an Essen, Trinken, Toilette, sauberes Bett, sichere Umgebung …
   Besprecht euch in der Klasse.
   Vielleicht ist ein Kind bei euch, das selbst flüchten musste. Wenn es möchte, kann es von der Flucht erzählen. Geht vorsichtig mit dem Thema um. Manche Kinder möchten nicht von ihren schlimmen Erfahrungen berichten.

★-Aufgabe: Kannst du dir vorstellen, einfach deine Heimat zu verlassen? Du könntest nur ein paar wenige Dinge mitnehmen, die du selbst tragen kannst. Was würdest du mitnehmen? Was würdest du besonders vermissen?
Schreibe deine Gedanken dazu auf ein Blatt.

Lösungen

zu S. 4, Kapitel 1: „Ausflug in den Stadtpark“

1. Leon Max Baschar Mia
   Lotte Ahmet Elif

zu S. 5, Kapitel 2: „Ein jaulender Hund“

1. STADTPARK
2. Bin ich in Lotte verliebt? Bin ich wirklich verliebt? Das ist doch total bescheuert, oder?

zu S. 6, Kapitel 3: „Ein unerwarteter Fund“

1. a) AST; b) SCHARFES; c) SCHERBEN; d) BRENNNESSEL; e) KINDERWAGEN; f) AUTOREIFEN; g) FARBKANISTER
   Lösungswort: SCHNITT

zu S. 7, Kapitel 4: „Tante Sabine kommt zu Besuch“

1. „Du bist spät, Mia!“, begrüßt ihre Mutter sie. „Du weißt doch, dass heute Tante Sabine kommt.“ Tante Sabine erzählt oft so komische Geschichten aus ihrer Jugend. Sie umarmt Mia immer total stürmisch und küsst sie ab. Mia mag das gar nicht.

zu S. 8, Kapitel 5: „Giftig!“

1. STADTPARK, FISCHSTERBEN, HANDY, MÜLLKIPPE, TOTENKOPF, AUFKLEBER, ADRESSE
   Lösungswort: DETEKTIVE
2. KoalaCrew

zu S. 9, Kapitel 6: „Was ist wichtig?“

1. GELD – BÄCKEREI – SPARSCHWEIN – GELD – LÖSUNG

zu S. 10, Kapitel 7: „Der erste Hinweis“

1. Tageszeitung – Stundenplan – Mathebuch – Unterrichtsstunden – Müllkippe – Straßenname – Hausnummer – Straßenschild – Detektivgeschichte

zu S. 11, Kapitel 8: „Überraschung“

Die Klasse 3b hat Musik bei Frau Schmidtlein. Frau Schmidtlein erzählt von toten Fischen am Ufer der Oder. Unzählige Fische trieben an der Oberfläche. Frau Schmidtlein sagt, dass die Fische im Teich schlecht behandelt wurden. Sie möchte mit den Kindern darüber nachdenken, was sie tun können. „Wir könnten demonstrieren“, sagt Ella. „Plakate malen!“, ruft Anton „Wir könnten Unterschriften sammeln“, meldet sich Malea. „Und ein Lied machen, das wir den Leuten vorsingen“, schlägt Mia vor.

zu S. 13, Kapitel 10: „Ein neue Zuhause“

S. 58: Zeile 13 – 14; S. 57: Zeile 17; S. 57: Zeile 9 – 11; S. 58: Zeile 9 – 10; S. 58: Zeile 7 – 8; S. 57: Zeile 19 – 21

zu S. 14, Kapitel 11: „Geheimnisvolle Kanister“

2. Die Kinder stellen ihre Fährräder beim Stadion ab.
   Der ältere Mann arbeitet wieder im Garten.
   Der Kleintransporter hält vor der Garage.
   Der Fahrer bringt zwei Kanister.
   Max fotografiert die Aufschrift auf dem Wagen.
   Der Fahrer stellt zwei andere Kanister in den Wagen.

3. Die Kinder glauben, dass der Mann das alte Öl auf der Müllkippe im Park entsorgt.

zu S. 17, Kapitel 15: „Auf zur Bürgermeisterin“

									d)					
f)	E	N	T	T	Ä	U	S	C	H	U	N	G		
									H					
									E					
							b)	U	M	W	E	L	T	
									I					
									K					
								c)	A	N	F	A	N	G
						e)	P	O	L	I	Z	E	I	
									I					
								a)	T	E	R	M	I	N
									N					

zu S. 19, Kapitel 17: „Strafe für den Fischmörder“

Schnell haben die Kinder Mannschaften gebildet. Max und Baschar spielen bei Elif in der Mannschaft. Leon findet das ein bisschen unfair. Baschar schießt zwei Tore. Nun aber schießt Mia den Anschlusstreffer. Etwas später gelingt Lotte der Ausgleich.

zu S. 20, Kapitel 18: „Der Beweis“

1)	T	Ä	T	E	R					
2)	H	I	M	M	E	L				
3)	G	A	R	A	G	E	N	T	O	R
4)	M	I	A							
5)	K	A	N	I	S	T	E	R		
6)	L	A	B	O	R					
7)	J	U	B	E	L	N				

zu S. 22, Kapitel 19: „Ein wunderschönes Gefühl“

aufgeregt – lange – gemeinsam – Umweltbande – alleine – Besonderes – Leon

zu S. 23, Kapitel 20: „Der große Tag“

Einige Kinder murmeln ununterbrochen ihre Texte vor sich hin. Andere gehen unruhig hin und her. Elif und Anton stehen still in einer Ecke. Theresa und Max machen Quatsch, um sich auf diese Weise abzulenken. Leon und Max müssen auf die Toilette.

BVK • Kati Ernst/Sabrina Grün: Literaturprojekt zu „KoalaCrew: Geheimnisvolle Spuren“